Ariswara

Prambanan

PT Intermasa Jakarta

Perpustakaan Nasional: katalog dalam terbitan (KDT)

Ariswara
    Prambanan / Ariswara; English translation
by Lenah Matius. — ist.ed. — Jakarta : Intermasa, 1996
    56 hlm. : ilus. ; 26 cm.
    ISBN 979-8114-57-4

    1. Prambanan (Candi). I. Judul. II. Matius, Lenah
                    726.143

Photography by Jhonny S.
English translation by Lenah Matius
Traduction française par Budi Lestari et Gilles Guerard

翻訳／シータ・ダマヤンティ

© PT Intermasa, Jakarta
First Edition 1990
Second Edition 1992
Third Edition 1993
Fourth Edition 1994
Fifth Edition 1996
Printed & Published by PT Intermasa, Jakarta, Indonesia
Phone : (021) 4602805, 4602807, 4602808

PREFACE

Nobody will disagree with our saying that Prambanan Temple, like the Borobudur, belongs to one of the famous temples in Central Java.

When you have visited Borobudur Temple, the biggest Buddhist temple in Java, it would be worthwhile to see the Hinduist Prambanan also, to gain an overall know-how of quite different styles of temples in Central Java.

Our publication on the Borobudur has been circulated for many years, now we are in the market for the PRAMBANAN, the only publication so far, which hopefully will become one of your most cherished books as well as giving you invaluable knowledge.

This book will for those having visited the Prambanan Temple, bring back pleasant memories, and for those who have not, guide you on one aspect of the Indonesian culture of hundreds of years past.

The Publisher

PRAMBANAN

Candi Siwa viewed from the east side, with 2 niches which contain the statues of Nandiswara and Mahakala, as the guards of the entrance.

Chandi Çiva visible du côté Est. On voit les niches des statues de Nandi et de comme Mahâkala gardiens de l'entrée.

東方から見られるシワ (Siwa) 寺院。 門番人としてのナンヂ (Nandi) 像とマハカラ (Mahakala) 像が見えます。

THE MAIN PLAN OF TAMAN WISATA CANDI PRAMBANAN

Legend:

1. The head office of PT Taman Wisata Candi Borobudur & Prambanan
2. Amphitheater
3. Cafetaria
4. Ramayana's theater
5. The place for seedlings' cultivation
6.
7. The office of PT Taman Wisata Candi Prambanan
8. Bus parking lot
9. Car's parking lot
10. Motorcycle's parking lot
11. Toilet
12. Information center
13. Ticket box, first aids and Deposit box.
14. Souvenir shops
15. Parking ticket box
16. Restaurant
17. Mosque
18. Indoor gallery
19. Outdoor gallery
20. Cleaning service office

PLAN DU TAMAN WISATA CANDI PRAMBANAN

1. Bureau du PT Taman Wisata Candi Borobudur dan Prambanan
2. Amphitéâtre
3. Café
4. Téâtre de Ramayana
5. Lieu de semence
6.
7. Bureau du Taman Wisata Candi Prambanan
8. Aire de stationnement d'automobiles
9. Aire de stationnement d'autobus
10. Aire de stationnement des motocyclettes
11. Toilette
12. Bureau de renseignement
13. Bureau de vente de ticket de l'entrée au temple, Premier secours et Consigne
14. Kiosques à souvenirs
15. Guichet de ticket de parking
16. Restaurant
17. Petit mosquée
18. Salle d'exposition
19. Exposition en plein air
20. Bureau du service d'hygiène

Source :
PT Taman Wisata Candi
Borobudur & Prambanan

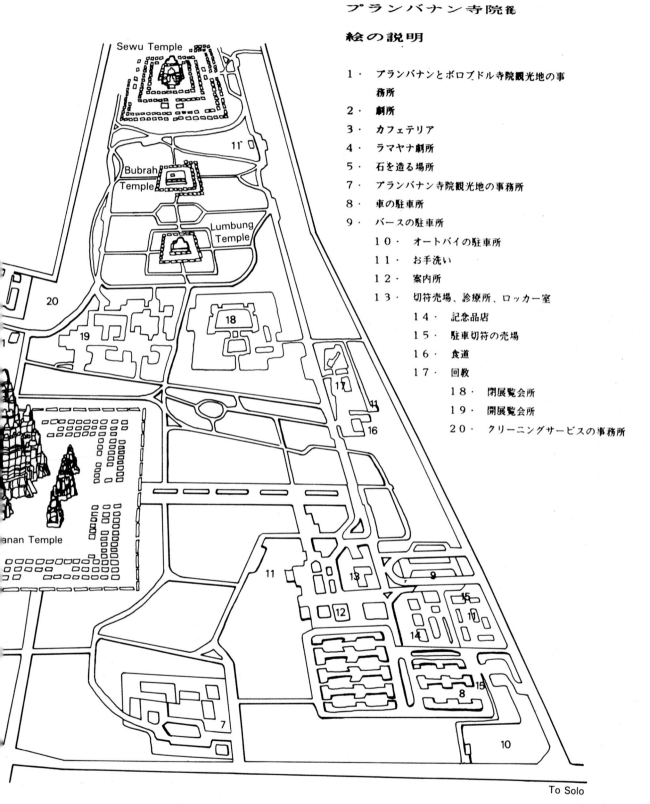

プランバナン寺院籬

絵の説明

1・ プランバナンとボロブドル寺院観光地の事務所

2・ 劇所

3・ カフェテリア

4・ ラマヤナ劇所

5・ 石を造る場所

7・ プランバナン寺院観光地の事務所

8・ 車の駐車所

9・ バースの駐車所

　10・ オートバイの駐車所

　11・ お手洗い

　12・ 案内所

　13・ 切符売場、診療所、ロッカー室

　　14・ 記念品店

　　15・ 駐車切符の売場

　　16・ 食道

　　17・ 回教

　　　18・ 閉展覧会所

　　　19・ 開展覧会所

　　　20・ クリーニングサービスの事務所

3

INTRODUCTION

At the boundary between Yogyakarta and Surakarta nowadays, there are several temples which are scattered from one to another not more than 1 km. It is interesting to note that those temples belong to the sacred place of two religions: Hinduism and Buddhism. Those temples were constructed between the eighth century and the ninth century A.D.

INTRODUCTION

A la limite de Yogyakarta et Surakarta il existe un ensemble de complexes de temples dispersés dans un rayon de quelques kilomètres. Bizarrement, ces temples sont issus de deux religions distinctes, l'Hindouisme et le Bouddhisme. Ils ont été construits à la même époque entre le VIIIᵉ et le IXᵉ siècle.

The restoration of Candi Siwa continues, and The Candi Prambanan's recreation area is being arranged.

La restauration des temples Çiva continue, tandis que le jardin touristique de Chandi Prambanan (Taman Wisata Candi Prambanan) est en train d'être remis en ordre.

シワ寺院が修復されていて、プランバナン公園も修復されています。

Prambanan, a name so called for the complex of those temples, is a beautiful and fertile region. In ancient time, it was the place where the capital of a kingdom-now known as "Keraton Boko"-stood. But it is a pity that the ruins of the palace can not give any hint about the existence of the kingdom and those who had reigned there. A clearer hint is from Kalasan's inscription which was written in "pra nagari" characters, dated from A.D. 778. This was clarified in the inscription of Raja Balitung from the year of A.D. 907. Raja Balitung's inscription mentions the pedigree of the kings who reigned in that period. It was the period when the Sanjaya dynasty reigned. Their religion was Hinduism.

Simultaneously, during that very period, the dynasty of Sailendra, whose religion was Buddhism, was also blooming. This Sailendra dynasty had been closely related to the kingdom of Sri-

La région de Prambanan qui donne son nom à l'un des complexes, est belle et fertile. C'est là ici que fut établi le *Keraton Boko* (palais Boko). Les ruines du palais, malheureusement, ne donnent guerre d'indications sur l'existence du royaume et des souverains qui y regnerent.

On peut trouver en revanche, d'indications sur ce royaume grace à la *Prasasti Kalasan* (pierre gravée de Kalasan) écrite en langue *prè-nâgarî* en 778. Il existe à *Prasasti Raja Balitung* datant de 907 plus précis encore. Elle figure un arbre généalogique des rois de cette epoque, la dynastie hindouiste des *Sanjaya*.

De cette epoque date également le developpement de la dynastie bouddhiste *Çailendra* qui entretenait des rapports très étroits avec le royaume

Candi Prambanan seen from the river bank of Opak.

Chandi Prambanan/Rorojongrang visible du bord de Sungai Opak (rivière Opak).

オパク (Opak) 川岸から見られるプランバナン。

Candi Siwa stands magnificently. It is 47 metres high and 34 metres wide.

Chandi Çiva se dresse merveilleusement. Il est haut de 47 mètres et large de 34 mètres.

素晴らしいシワ寺院。　高さが４７メートル、広さが３４メートル。

wijaya in Palembang. At that particular time, Buddhism reached its peak and left many grand monuments which still stand to the present time.

Prambanan temple, as it is known nowadays, is a name given to the complex of several sanctuaries of Siwa. Infact, it is more accurate to call it Siwa's temple (*Candi Siwa*) according to the real character of the temples. Some of sanctuaries in the complex have been restored, but most of them are in ruins.

The effort of restorating these *Candi Siwa* is still continuing and has produced a fantastic monumental masterpiece which we can enjoy. Visiting the complex of *Candi Siwa* at Prambanan will set our imaginations lose, and the impression is fantastic or amazing!

Çrîvijaya a Palembang dont elle etait originaire. Cette periode bouddhique, nous a laissé la plupart des monuments subsistant aujourd'hui.

Chandi Prambanan (temple Prambanan) est le nom donné aujourd'hui à l'ensemble du complexe de temples consacrés à Çiva qu'il serait donc plus correct d'appeler *Chandi Çiva*. Certains temples de ce complexe sont intacts et d'autres en ruines. Les travaux de restauration réalisés, ou non encore achevés, nous donnent la possibilité de jouir de la béauté de ce fantastique ouvrage monumental. A la vue du complexe des temples Çiva a Prambanan, l'imagination peut se laisser perdre dans un voyage à travers le temps et les mots qui s'imposent à l'esprit du curieux rivalisent de ''magnifique'' à ''merveilleux''.

Candi Apit Rorojongrang

Chandi Apit Rorojongrang

アピット　ロロジョングラング*(Apit Rorojonggrang)* 寺院。

The Complex of *Candi Siwa*

There are 237 temples at the complex of *Candi Siwa,* either big or small. But the majority of them have deteriorated, what is left are only scattered stones.

This complex of the sanctuaries can be divided into 3 groups. The first group belongs to the small temples which have a resemblance in form and located near the gate. It's called *Candi Perwara.* The second consists of the other temples which are smaller and have various positions and size. The third group, considered as the central buildings, has 3 temples that differ in form. The biggest temple is enclosed on either side by 2 smaller temples with the same form. Apparently, each temple is built to form the corresponding buildings. This would be clear if we see the statues in those temples.

LE COMPLEXE DE CHANDI ÇIVA

Le complexe est constitué de 237 temples, grands et petits. La plupart sont en ruines et il n'en subsiste que des tas de pierre. Les temples peuvent être classés en trois groupes. Le premier comporte des temples de forme identique nommés *Chandi Pervara* qui sont les plus éloignés du centre. Le second est constitué de temples de forme et de taille variées, mais toujours plus grands que les premiers. Enfin, au centre du complexe, se trouvent les trois temples principaux, le plus grand, flanqué de deux grands autres de type identique. Il semble que chacun des temples de ce groupe soit associés à l'un du second. On peut le voir clairement grace aux statues situées dans chaque temple.

The relief of beautiful princess decorating the outer wall of Candi Apit.

Bas-reliefs d'une belle princesse ornant le mur extérieur de Chandi Apit.

きれいな女性のレーリフがアビット (Apit) 寺院の外壁を飾ります。

Candi Perwara at the restored complex of Candi Prambanan.

Chandi Pervara du complexe de Chandi Prambanan, déjà restauré.

プランバナン (Prambanan) 寺院団の中には、修復されている プルワラ寺院。

One of the galleries in the Candi Siwa which is separated by the outer wall and a balustrade.

L'une des allées de Chandi Çiva flanguée du mur d'en côté, et du parapet de l'autre.

シワ寺院の外回廊。

The inner balustrade of Candi Siwa is fully carved with the relief of Ramayana.

Le mur intérieur du parapet de Chandi Çiva orné des bas-reliefs du Râmâyana.

シワ寺院の内回廊にあるラマヤナ *(Ramayana)* のレーリフ。

The central temple at the complex of Prambanan is *Candi Siwa,* or widely known as the temple of *Rorojonggrang.* It is called *Candi Siwa* because in that temple we find a statue of Siwa which is big and has essential meaning, which signifies that Siwa is a God greatly glorified in the belief of Trimurti (Trimurti's faith). Trimurti is the worship of a Trinity of gods: Siwa, Wisnu and Brahma.

The most important of Siwa's statues is found in the biggest room of the central temple. In the other smaller rooms we see the statue of Siwa as *Mahaguru* (Supreme master), the statue of Ganesha, a god with an elephant head symbolizing happiness, and the statute of *Durga Mahisasuramardani*, the spouse of Siwa as the ruler of Universe. Both the temple and the statue of Siwa have an important role.

L'élément principal de l'ensemble de Chandi Prambanan est Chandi Çiva également connu sous le nom de *Rorojongrang*. Il tire son nom de la grande statue de Çiva qui se trouve à l'intérieur. On peut en conclure que ce dernier est le dieu le plus ennobli dans la trinité hindouiste *(Trimûrti)* qui venére trois dieux: *Çiva, Vishnu,* et *Brâhma.*

L'imposante statue de Çiva, en *Çiva Mahâdeva* (grand dieu), dans le temple principal se trouve dans la plus grande des salles. Dans les trois autres salles plus petites se tiennent respectivement le Çiva en *Çiva Mahâguru* (maître suprême), une statue de *Ganesha*, le dieu à tête d'éléphant, symbole de bonheur, et une statue de *Durga Mahissasura-mardani*, la femme de Çiva Mahâdeva.

The outer wall of Candi Siwa is decorated with the statue of Dewa Lokapala.

Le mur extérieur de Chandi Çiva orné d'une statue de Deva Lokapala.

ロバカラ *(Lokapala)* 神像がシワ寺院の外壁を飾っています。

It seems likely that during that period, the school of Hinduism followers belonged to the sect of Siwa. The statue of Siwa was constructed as the greatest statue among the others. It is 3 metres high and is in a standing position as if meditating. The base of the statue is in the form of a lotus flower which could hold the water with flowers used to purify that statue. The used water and flower which are considered to possess sacred powers, are poured through a dragon's mouth located at the side of the lower part. A vase is used to keep the sacred water which is much sought by the Hindus and the devotees because of its magic power.

The symbol of a skull and a sickle at the crown, the third eye on his forehead, and the four hands holding Siwa's symbols: a rosary, a feather duster and a trident, attributed to this Siwa's statue, show the existence of Siwa as *Mahadewa*

Il est probable qu'à cétte epoque, le rite hindouiste que l'on professait dans la région était celui de Çiva, car sa statue est la plus grande. D'une hauteur de trois mètres, elle représente un homme debout en état de méditation. Sa basse est en forme de lotus sacré et pouvait contenir l'eau fleurissante utilisée pour purifier la statue, qui était considerée comme sacrée. Elle était canalisée à travers la bouche d'un dragon de pierre qui se trouve en bas sur le côté. Il existait également un pot utilisé pour recueillir cette eau trés prissée des croyants.

Les attributs de la statue de Çiva nous le montre sous l'aspect de Çiva Mahâdeva: le crâne et la faucille à la couronne, le troisième oeil sur le front, les quatre mains portant les symboles de Çiva, le *akçamala* (chapelet), le *kamandalu* (cruche contient de l'eau de vie), le *trisula* (trident). La statue était destinée à

(Supreme God). The description of Siwa as *Maha-dewa* is also meant to describe that the king of Balitung was a reincarnated Siwa. So, when he died, a temple was built to commemorate him as Siwa.

Besides the statue of Siwa, there is another interesting statue, i.e the statue of *Durga Mahisasuramardani,* known also as *Rorojonggrang*. This name is derived from folk legend of people living around Prambanan. The *Durga* is designed standing on a cow, pulling out the soul of a defeated gigantic demon from the cow's body. *Durga* is a symbol of death, that's why *Durga's* statue is also widely worshipped. This very statue is also meant as a description of the King Balitung's wife.

If, at the start, we enter the *Candi Siwa* from the east side and keep on walking along the gallery of the temple, we will see the relief carved on the temple walls. This relief describes the story of Ramayana. If we want to read the relief, we should turn to the left side after entering from the east gate. There is 41 frames of Ramayana's story in *Candi Siwa*. The story itself could be summarized as follow:

The God Wisnu is asked to descend to the world at the request of kings of this world. For his duty as a protector of the world, Wisnu is incarnated in Rama, a knight of Ayodya's king-

honorer le roi Balitung. Les temples ont été construits après sa mort.

La deuxieme statue qui attire l'attention est celle de Durga Mahissasuramardani, appelée aussi selon la légende du peuple de Prambanan *Patung Rorojongrang* (statue Rorojongrang). Elle répresente une belle femme se tenant debout sur une vache après l'avoir vaincue. L'animal était en fait la réincarnation d'en méchant géant. On voit Durga faisant sortir le corps du géant par la tête de la vache. Durga était considérait comme la déesse de la mort et de ce fait elle était autant adorée que son mari. L'ouvrage servait aussi à honorer la femme du roi Balitung.

Si l'on entre dans le temple Çiva par la porte Est, on peut, en longeant les allées, partant à gauche observer dans l'ordre les bas-reliefs qui ornent les murs. Ils illustrent l'épopée du *Râmâyana*.

Au temple Çiva, il existe 41 cadres de bas-reliefs du Râmâyana. Voici un extrait du recit:

A la demande des rois terrestres, Vishnu, le dieu garant du monde et de la vie des êtres, des-cendit de l'empyrée et se réincarna en Râmâ, chevalier d'Ayodya et fils du roi Daçarata.

One of 24 statues of Dewa Lokapala, the god of the four cardinal points.

L'une des vingt quatre positions de Deva Lokapala, le dieu qui garde l'aire des ventes.

方角の番神、ロカパラ神像。

The statue of Lokapala in one position.

La statue de Lokapala en méditation.

ロカパラ神像

The statue of Lokapala in the other position.

La statue de Lokapala dans une autre position de méditation.

ロカパラ神像。

The statue of lion is enclosed on either side by Kalpataru's tree and a creature called Kinara Kinari.

Une statue de lion flangué d'arbres Kalpataru, et des créatures l'empyrée Kinara Kinari.

しし像がカルパタル *(Kalpataru)* 木とキナラキナリ *(Kinara kinari)* 人物との間 にあります。

dom, and son of King Dasarata. Rama, who now is the incarnation of Wisnu, is requested by a Brahmin called Wiswamitra to kill giants who are regularly disturbing the Brahmins. Rama is successful in killing those annoying giants, including Tataka, a giantess. After eliminating those disturbers, in accordance with Wiswamitra's suggestion, Rama joins a competition in which the winner will be awarded a beautiful princess. This princess, named Sinta, is a daughter of Wiswamitra's friend, King Janaka. Rama wins the competition in pulling the sacred bow of King Janaka, so he has right to make Sinta his wife. Then Rama goes back to Ayodya. On the way to Ayodya, Rama is intercepted by Paracurama, but Rama defeats him. After his arrival in Ayodya, Rama will be crowned as a king, as a successor of his father. But Kekayi, the second wife of King Dasarata, asks her husband to fulfill his previously

Un jour, Râmâ est prié par un bhramane, Visvamitra, de chasser les géants qui importunent les prêtres. Il parvient à tous les tuer et notamment une femme nommée Tataka. Après cette mission, et suivant la suggestion de Visvamitra, Râmâ concours pour gagner la main de la jolie princesse Shinta, fille du roi Janaka, l'ami de Visvamitra. Râmâ l'emporte et gagne ainsi le droit de se marier avec Shinta. Sur le chemin du retour, ils sont arrêtés par Paracurama que Râmâ parvient à vaincre.

A Ayodya, Râmâ succède à son père et devient roi. Sa belle mère Kekayi cependant, lui rapelle la promesse faite à elle par Daçarata, d'installer son fils Bharata sur le trône. Elle exige également que

The outer relief of Candi Siwa describes a heavenly creature dancing and playing music.

Bas-relief extérieur de Chandi Çiva représentant une créature de l'empyrée qui dansait et jouait de la musique.

シワ寺院の外レーリフが踊ったり音楽器を引いたり天国の人物を描いています。

made promise to her. As the King promised, it's her son, Bharata, who will be king. Also, Rama is to be banished into the forest, that's the request of Kekayi. Rama fulfills Kekayi's wishes sincerely and Bharata is crowned as the new king. Dasarata, who is left by Rama, is very sad, becomes sick and finally dies.

In his isolation in the forest, Rama is accompanied by his younger brother Laksamana, and Rama's wife Sinta. There they come across a giantess named Cupanaka, who falls in love with Rama. But Rama spurns her as also does Laksamana. Cupanaka is furious and tells this matter to her brother, Rahwana, the king of giants. When Rahwana comes to Rama's place, he sees Sinta and falls in love with her. With various tricks, Rahwana kidnaps Sinta successfully and flees to Alengka. Rama and Laksamana try to find her and kill Rahwana.

Râmâ soit exilé dans la forêt. Râmâ étant chevalier, accede à ses demandes. Il cède le trône à son demi frère et va en exil dans les bois. Son père, malheureux du dèpart de son fils préféré, tombe malade et meurt.

Râmâ est parti avec sa femme et son frère Laçmana. Dans les bois, ils rencontrent la géante Çurpanaka qui tombe amoureux de Râmâ, mais celui-ci repousse les avances, de même que Laçmana. Furieux de son échec, Çurpanaka va se plaindre à son frère Râhvana, le roi géant. Celui-ci parti pour tuer Râmâ, est séduit par la béaute de Shinta, qu'il parvient à enlever par la ruse, en l'absence de Râmâ et Laçmana.

The relief of a man embracing women on his either side carved at the Candi Siwa's outer balustrade.

Bas-relief, représentant un homme enlaçant une femme de ses deux bras, qui orne le parapet extérieur de Chandi Çiva.

シワ寺院に二人女性を抱いている男性のレーリフ。

During their efforts to find Sinta, they meet two monkeys who are having a quarrel. Those two monkey's brothers are Sugriwa and Subali, who are also known as Walin. The two monkey's brothers are fighting for a throne and a princess called Tara. Rama succeeds in helping Sugriwa to defeat Subali and as the repayment for the service, Sugriwa helps Rama to find Sinta. Then Sugriwa sends a white monkey named Hanoman, to find out where Sinta is. Hanoman finally knows that Sinta is in the garden of Rahwana's palace. The white monkey talks to Sinta, and in order to prove that he has met with Sinta, Sinta gives him a ring to be delivered to Rama. Afterwards, Hanoman goes back to see Rama, Laksmana and Sugriwa. Then he tells them all of his experiences. Rama becomes very furious and decides to attack Alengka with

A la recherche de Shinta, les deux chevaliers rencontrent deux singes en train de se battre, Sugriva et son frère Subali (ou Valin). Ils se disputent le trône et la main de la princesse Târâ. Pour remercier Râmâ de l'avoir aidé à vaincre Subali, Sugriva l'appuie dans ses recherches. Il envoie Hanuman, le singe blanc, à Alengka. Au royaume de Râhvana, Hanuman trouva Shinta dans le jardin du palais de Râhvana. Elle lui donne sa bague comme preuve qu'il a reussit à la rencontrer. Râmâ furieux contre Râhvana, décide alors d'attaquer Alengka avec l'aide de Sugriva.

The beautiful outer corner of Candi Siwa is full with the ornaments and the water spouts.
Vue du côté extérieur de Chandi Çiva qui est beau et remplit des ornaments et de la douche.
素晴らしいシワ寺院の外のコーナーに水流れレーリフ。

the assistance of the whole monkey troops, the followers of Sugriwa.

The story of Rama's attack to Alengka can be found at the temple of Brahma *(Candi Brahma)*, which is located at the south of *Candi Siwa*. It is smaller than *Candi Siwa*, since *Candi Siwa* is the main temple. *Candi Brahma* has only one entrance, as well as one cella containing the statue of the god, Brahma. This Brahma's statue is described with four heads. It's beautiful but unfortunately that it has been damaged. The continuation of the Ramayana story is inscribed at the wall

La suite du récit est représentée sur les bas-reliefs du *Chandi Brâhma*.

Le temple Brâhma se trouve au sud du temple Çiva. Il est plus petit que celui-ci et n'a qu'une salle qui contient la statue de Brâhma en homme à quatre têtes. C'est une belle statue, malheureusement, endommagée. Les bas-reliefs du temple Brâhma racontent la guerre de Râmâ et Laçmana aidés des armées de singes, contre Râhvana le ravisseur de Shinta.

The statue of Siwa Mahadewa in the main temple which is called Candi Siwa. It is 3 metres high.

La statue de Çiva Mahâdeva dans le temple principal Chandi Çiva, est haute de 3 mètres.

シワ寺院にあるシワマハデワ *(Siwa Mahadewa)* 像。　高さが3メートル。

The statue of Siwa as Agastya or Mahaguru in the south cella of Candi Siwa.

Statue de Çiva en Agastya (ou Mahâguru) située dans la salle du sud.

南室中にアガスチア *(Agastya)* としてのシワ像。

The statue of Durga Mahisasuramardani which is widely known as Rorojongrang. It describes Durga killing her enemy who is incarnated in a cow.

Statue de Durga Mahissasuramardini, plus connue sous le nom de Rorojongrang, reprèsentant Durga venant de tuer un géant qui se transformait en vache.

シワ寺院にロロジョングラン *(Rorojonggrang)* ともいわれて、ドルガ マヒサスラマルダニ *(Durga Mahisasuramardani)* 像。
これはドルガが巨人化身としての牛を殺したことを描いています。

The statue of Siwa's son: Ganesha, in the west chamber of Candi Siwa.

Statue de Ganesha, le fils de Çiva, située dans la salle des l'ouest.

西室中にシワ神の子、ガネサ *(Ganesha)* 像。

Candi Nandi is in front of Candi Siwa.

Chandi Nandi se trouvant en face du Chandi Çiva.

ナンチ *(Nandi)* 寺院がシワ寺院に向いて います。

of the temple's inner chamber. It tells about *the war of Rama and Laksamana, helped by the monkey troops, against Rahwana who kidnaps Sinta. Rahwana is helped by his brother, Kumbakarna, a very gigantic demon. Kumbakarna is killed by hundreds of monkeys. Finally, Rama kills Rahwana with his bow and arrow. Thus, Rama meets again with his wife. This story,* infact, describes the crushing of great evil which destroys life. The great evil is symbolized by King Rahwana. Rama, as incarnation of Vishnu, succeeds in maintaining the world's peace.

The other temple nearby *Candi Siwa* is the temple of Wisnu *(Candi Wisnu)*. *Candi Wisnu* is located at the north of *Candi Siwa,* and has the same size as *Candi Brahma*. The only chamber found in this temple contains the statue of the god, Wisnu. Here, Wisnu is described as having four hands, with a club, an oyster and a *cakra,* which is specifically attributed to Wisnu.

The relief found at the wall of *Candi Wisnu* is the story of Kresnayana. The Kresnayana relief

Dans cette guerre Râhvana est aidé par son frère Kumbakarna, un géant immense, qui est tuè au cours de l'attaque, par une muée de singes. Râhvana lui même est tué par une flèche de Râmâ, qui parvient à retrouver sa femme.

Il s'agit en far de l'anéantissement du mal. personnifié par Râhvana, destructeur de la vie, face à Râmâ l'incarnation de Vishnu sur terre, qui parvient à préserver la paix.

L'autre temple qui flanque le temple Çiva est *Chandi Vishnu.*

Le temple Vishnu est situé au nord du temple Çiva, il est aussi grand que celui de Brâhma. L'unique salle du temple contient la statue de Vishnu, un homme à quatre mains portant le *gada* (massue), le *changkha* (hûtre en ailes), le *chakra* (l'arme de Vishnu), et un bourgeon de lotus sacré.

Les bas-reliefs qui ornent les douze cadres des murs du temple Vishnu racontent le récit du *Kresnayana.*

The statue of Dewa Chandra (the god of the moon) riding a carriage pulled by 10 horses.

Statue de Deva Chandra (dieu de la lune) conduisant un carrosse tiré par dix chevaux.

１０頭鳥に引っ張られて馬車に乗っているチャンドラ (Chandra) 神像。

The statue of Nandi's bull, the vehicle of Siwa. At the back we see Dewa Chandra's statue.

Statue de Lembu Nandi, la monture de Çiva. On peut voir derrière la statue de Deva Chandra.

シワ神の乗り物、ナンヂ牛像。

During the full moon, from July to September, an opera of Ramayana is perfomed at the open air stage at the complex of Candi Prambanan.

De juillet à septembre à Chandi Prambanan chaque pleine lune est l'occasion d'une représentation en plein air de la danse du Râmâyana (Sendratari Ramayana).

満月（７月から９月まで）プランバナン寺院団地にラマヤナのドラマが上演されています。

A dance which is perfomed during the inauguration party of Bharata.

Danse de la fête du couronnement de Bharata.

バラタさんを登用式の踊り。

A Brahmin comes to meet Rama and Laksamana, and asks them to help him to drive away a giant who often annoys the Brahmins.

Le brahmane vient à Râmâ et Laçmana, leur demander de chasser les géants qui importunent les brahmanes.

一人ブラフマはラマさんとラクサマナさんがブラフマ達をよくいじめたきた巨人 を追い払うために援助をしてもらいました。

The Ramayana relief at Candi Siwa describes when king Dasarata (Rama's father) passes away and is ready to be cremated. Then Kausalya (Rama's mother) gives the alms to the Brahmins and to the people of Ayodya.

La cadavre du roi Dasarata (le père de Râmâ) est prêt à être brulé. Kausalya (la mère de Râmâ) donnant les aumônes aux brahmanes et au peuple d'Ayodya.

ダサラタ王様の葬式が行われていたレーリフ。 奥さん、カウサリアさんがブラフマナ達とアヨヂア国民に施しを配って います。

In a forest, Rama kills a giantes called Tataka.

Râmâ tuant la géante Tataka dans un bois.

森中にラマさんがタタカ *(Tataka)* 女巨人を殺してしまいました。

Rama and Laksmana kill Wirada, a giant who tries to kidnap Sinta.

Râmâ et Laçmana tuant le géant Virada qui a tenté d'enlever Shinta.

ラマ*(Rama)*さんとラクサマナ *(Laksamana)* さんがシンタさんを誘拐していってウイラダ *(Wirada)* 巨人を殺してしまいました。

has 12 frames. Infact, Kresna is another reincarnation of the god Wisnu, after Rama. Kresna has a brother, called Balarama. They are to be killed by the demonic giantess, named Putana. But Kresna succeeds in killing Putana. The other relief describes the fight between Balarama and the demonic giant, Pralemba. Pralemba, who is every time killed by Balarama, is able to live again. At the end, Kresna tells his brother to cut off the head of Pralemba, so it can not be reunited and will never live anymore.

As an incarnation of Vishnu, the preserver of the world's peace, Kresna has also to save the cattle of the shepherds from the annoyance of Arista, a giant.

Kresna also saves the little shepherds who got into the mouth of a snake-dragon, since they thought it to be a cave. When the dragon's mouth is closed in order to swallow those little shepherds,

Krishnâ fut, après Râmâ, l'incarnation de Vishnu. La géante Putaka voulu un jour l'assassiner, lui et son frère Balarâmâ. Mais Krishnâ parvint à la tuer.

Un autre bas-relief décrit le combat entre Balarâmâ et le géant Pralemba.

Balarâmâ parvient à le tuer plusieurs fois, mais le géant ressuscitait à chaque fois. Krishnâ dit alors à son frère de couper la tête de son ennemi de sorte qu'elle soit separatée de son corps afin qu'il soit définitivement mort.

Dans l'autre bas-relief on trouve ce récit:

Incarnation de Vishnu sur la terre, Krishnâ dut protéger les animaux de la ménace du géant Aristâ. Ensuite, il alla sauver les bergers entrés dans la bouche d'un dragon en croyant qu'il s'agissait d'une grotte. Juste avant que la bouche ne se fut fermée Krishnâ se mit debout entre les dents. Aidé de son

Rama and Laksamana kill a giant who destroys the hermitage of Wismamitra.

Râmâ et Laçmana tuant les géants qui détruisent l'ermitage de Visvamitra.

ラマさんとラクサマナさんがウイスマミトラ (Wismamitra) 苦行場をこわした巨人を殺してしまいました。

Hanoman receives a ring from Sinta to be delivered to Rama.

Hânuman recevant une bague de Shinta destinée a Râmâ.

ハノマン(Hanoman)がラマさんに伝える指輪をシンタさんにもらいました。

Kresna, who is among them, starts to enlarge his body. He enlarges it into such a huge being that the dragon's mouth blows up and the shepherds are saved.

In the last relief, we see two Brahmins doing a ritual sacrifice.

To complete the three big temples *(Candi Siwa, Brahma, Wisnu),* 3 more temples are built directly in front of them. Precisely in front of *Candi Siwa,* is Nandi's temple *(Candi Nandi),* where we can find a chamber containing the statue of Nandi's cow, the vehicle of Siwa. That's why this temple is named after the statue of Nandi. Besides it, there is also the other statues, that is the statue of Chandra, the god of the moon. Chandra stands on his carriage pulled by 10 horses, and the statue of the god of the sun or *Dewa Surya,* also standing on a carriage pulled by 7 horses.

pouvoir magique, il aggrandit son corps de sorte que cette bouche éclate et que les bergers puissent en sortir.

Dans le dernier bas-relief, on peut voir deux brahmanes en train de faire une cérémonie religieuse.

En complément aux trois grands temples: Chandi Çiva, Chandi Vishnu, et Chandi Brâhma, il y a trois temples contruits en face d'eux. Devant le temple Çiva se tient *Chandi Nandi.* La salle contient une statue de *Lembu Nandi* (vache Nandi), la monture de Çiva qui donne son nom au temple. Outre la statue de Nandi, on trouve aussi celle de *Deva Chandra* (dieu de la lune) debout sur un carrosse de dix chevaux, et celle de *Deva Surya* (dieu du soleil) dont le carrosse est tire par sept chavaux.

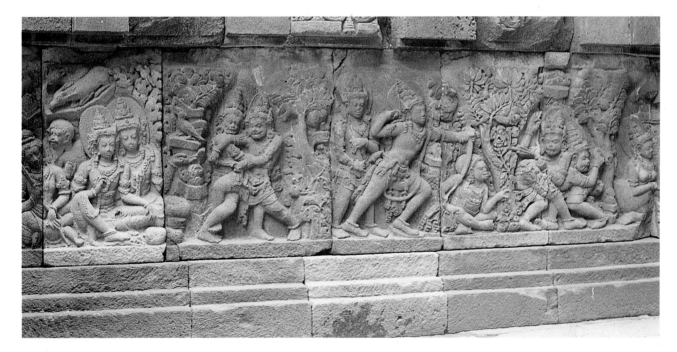

Rama pulls his how to help Sugriwa who is fighting against his brother to win the throne and a queen.

Râmâ tirant une flèche pour aider Sugriva dans sa dispute avec son frère pour le trône et la princesse Târâ.

ラマさんは王座と王女様を奪うために、弟と戦争していたスギリア (Sugriwa) さんに援助をあげました。

Rama is arranging a strategy to face Rahwana with his followers.

Râmâ délibérant avec ses partisants pour mettre au point une stratégie d'attaque contre Râhvana.

ラマさんが家来とラフワナ (Rahwana) 巨人を争うための戦略を計画して相談しています。

Rahwana's younger brother, Kumbakarna, goes to the battle field to defend his country, not his brother.

Kumbakarna, le frère de Râhvana partant à la guerre pour defendre sons pays et non son frère qu'il juge coupable.

クンバカルナ *(Kumbakarna)* が国のために、戦争していました。

Anggada, who is caught by the Alengka's soldiers, is taken to Rahwana.

Anggada capturé par des soldats d'Alengka et emmené à Râhvana.

アンッガダ *(Anggada)* がアレンカ *(Alengka)* 軍隊につかまえられました。

Sinta's children, Kuca and Kawa, are fighting against a giant.

Les fils de Shinta, Kuca et Kava combattant un géant.

シンタさんの子供、クチャ (Kuca)さんとカワ (Kawa)さんが巨人と戦争していました。

The Brahmins are having a feast, probably as an ironical criticism to the Brahmins' way of life at that time.

Brahmanes faisant une grande fête. Peut-être une satire du mode de vie des brahmanes à cette époque.

ブラフマナ達が宴会を行っていました。　それがたぶんブラフマナ達の習慣に対して風刺でしょう。

The relief of a Brahmin in meditation is found in an outer balustrade of Candi Brahma.

Bas-reliefs d'un brahmane en méditation situés à la balustrade exterieure de Chandi Brâhma.

ブラフマ寺院の外回廊に熟考していたブラフマナのレーリフ。

Facing *Candi Brahma* is the temple of the swan *(Candi Angsa)*. In the chamber of this temple we can not find any statue. But it seems likely that there was once a statue of a swan, since this animal is the vehicle of Brahma, the god. And based on this assumption, the temple is named *Candi Angsa*.

The temple in front of *Candi Wisnu* is the temple of Garuda *(Candi Garuda)*, although there is not any statue of garuda in the room of this temple. What we see is only a smaller statue of Siwa, comparable to the one in the main temple. This Siwa's statue is found under *Candi Garuda*. Infact, there should be a statue of garuda in the cella, since it is the vehicle of Wisnu. This vehicle of Wisnu is a big bird which has similarities to a human being in some aspects and has a beak, two hands, spurred legs and a tail just like a common bird.

Le temple *Angsa* (oie) se trouve en face du temple Brâhma. Il n'y a plus de statue à l'intérieur, mais, on estime qu'autrefois il devait y avoir un statue d'oie, la monture de Brâhma.

En face du temple Vishnu se dresse le temple *Garuda* (aigle). Bizarrement ce n'est pas une statue de Garuda qui s'y trouve, mais celle de Çiva. Il eut pourtant été logique d'y retrouver la statue de Garuda, la monture de Vishnu. Garuda avait une apparence d'homme avec un bec, deux ailes, la taille d'un oisseau, et deux ergots aux pieds.

The relief of a Brahmin in meditation with 2 Brahmanas standing on either side, becomes an ornament at the outer wall of Candi Brahma.

Bas-reliefs d'un brahmane assis en méditation, flanqué de deux femmes se tenant a ses côtés. Ornement du mur extérieur de Chandi Brâhma.

ブラフマ寺院の外壁にある二人女性の間 に座熱考していたブラフマナ (Brahmana) のレーリフ。

There are two rather big temples located at the north and south of the 6 previous temples. These two particular temples are called *Candi Apit*, because they enclose the temples that form the main part in the complex at both ends. Although there are chambers in *Candi Apit*, we can not find any statue in them. Up to the present time, the function of these two temples is not known.

The other temples are *Candi Perwara*. There are a great number of these temples, but most of them are still in ruins. Some that have been reconstructed look beautiful and magnificent. Just imagine, if all of them could be rebuilt in the future, how beautiful the complex of *Candi Siwa-Prambanan* would be!

Outside the complex of *Candi Siwa,* there are several temples belong to the monument of Buddhism. The most important of them are: *Candi Kalasan, Candi Sari, Candi Sewu, Candi Lumbung, Candi Plaosan* and *Candi Sojiwan.* A

Deux autres temples sont situés au nord et au sud des six temples en couples. En raison de leur position, ils sont nommés *Chandi Apit* (temples qui serrent). Ils contienent une salle vide dont, jusqu'à maintenant on n'est pas parvenu à expliquer sa fonction.

Les autres temples sont des *Chandi Pervara*. Ils existent en grand nombre mais la plupart sont en ruines. Les temples qui ont été renovés sont de grande béaute. Si tous les *Chandi Pervara* étaient restaurés, le complexe des temples Çiva à Prambanan serait magnifique.

Les édifices situés en dehors du complexe des temples Çiva sont consacrés au Bouddhisme. Les plus importants sont: *Chandi Kalasan, Chandi Sari, Chandi Sevu, Chandi Lumbung, Chandi Plaosan* et *Chandi Sajivan*. Il ést ettonant que ces temples

strange thing about these temples is that they surround the *Candi Siwa* within the radius of not more than 1 km.

Candi Kalasan was built arround the year of A.D. 778, in accordance with the Kalasan Inscription which is dated from A.D. 778. In the past, this sacred Buddhist sanctuary was a place to worship Tara, the goddess. But unfortunately, the statue of Tara does not exist any longer. Today, in front of the eastern gate, there still stand two big statues of the twin giants in a sitting posture

bouddhiques aient été édifiés à moins d'un kilomètre des temples Çiva.

Chandi Kalasan fut construit à peu près en 778, selon la pierre gravée Kalasan. Cet édifice sacré du Bouddhisme servait à l'adoration de *Devi Târâ*, mais malheureusement, sa statue a disparue. Il ne reste plus qu'à l'entrée Est les statues jumelles de grands géants assis, portant un massue, et entourés par un serpent.

The four heads statue of Brahma at the Candi Brahma.

Statue de Brâhma à quatre têtes, situé à Chandi Brâhma.

ブラフマ *(Brahma)* 寺院にある四頭がもっているブラフマ像。

The statue of Wisnu at Candi Wisnu.

Statue de Vishnu à Chandi Vishnu.

ウイスヌ *(Wisnu)* 寺院にあるウイスヌ神像。

and holding a cudgel with an ornament of a snake coiling around their bodies.

Not far from *Candi Kalasan,* stands *Candi Sari.* It was probably built at the same time. At this temple, we can see also the statue of two big giants with a cudgel and coiled by a snake. These statues function as the guards. In ancient time, the *Candi Sari* was used as a buddhist temple. From the ruins, we know that this sanctuary consists of many floors of rooms used as a dwelling place for the buddhists' leaders or the monks.

The temple which is situated at the north of *Candi Siwa* is *Candi Sewu.* It has also a complex of temple with the main temple in the centre, and surrounded by 250 *Candi Perwara.* At the main temple which consists of several cellae, no statue exists nowadays, what has survived is only two big statues of giants at each entrance to the temple's complex.

Chandi Sari, qui n'est pas très éloigné du temple Kalasan, avait été construit presqu'en même temps que ce dernier. On y trouve les deux mêmes statues des gardiens géants. Autrefois, le temple était utilisé comme *Vihara* (maison d'habitation des prêtres bouddhiste). On sait, d'après les ruines, qu'il était constitué de salles à deux étages servant de chambres aux supérieurs bouddhistes, ainsi qu'aux bonzes.

Chandi Sevu, qui se situe au nord du temple Çiva, est un autre complexe avec un temple principal au centre, entouré par 250 temples Pervara. Le temple principal contient des salles sans aucune statue à l'intérieur. Les statues qui subsistent sont celles des gardiens disposées par paire à chaque porte d'entrée.

Candi Siwa stands side by side with Candi Brahma and Candi Wisnu which are in restoration.

Chandi Çiva se tenant entre Chandi Brâhma et Chandi Vishnu en cours de restauration.

修復されているシワ寺院、ブラフマ寺院とウイスヌ寺院です。

33

The bird of Jatayu, which failed to release Sinta from Rahwana, is being taken care by Rama and Laksamana.

Jatayu, l'oiseau vaincu dans sa tentative pour défendre Shinta contre Râhvana, est soigné par Râmâ et Laçmana.

ラマさんとラクサマナさんがジャタユ*(Jatayu)*鳥を世話していました。

The *Candi Lumbung* is found not far from *Candi Sewu*. It's also a complex of temples, like the others. The main temple in the complex is damaged and circled by 16 *Candi Perwara* which mostly are destroyed. There are empty cellae in the main temple. As a monument of Buddhism, each cella likely was filled with *Dyani Budha*.

The *Candi Plaosan* was just rediscovered in the middle of 19th century in bad condition. At the stupa of the temple, we can read the inscription which mentions that *Candi Plaosan* was built by Rakai Pikatan as a gift for his Buddhist wife. Judging from the design of the building resembling *Candi Sari, Candi Plaosan* has been a Buddhist temple in the past. The cellae are multi-storied because it was used as a house. Once, there were many statues placed in the rooms. Among them are statue of *Dyani Budha*

Chandi Lumbung est un complexe de temples situé près de Chandi Sevu. Le temple principal est en ruine. Il est entouré de seize temples Pervara. La plupart également en ruines. Dans le temple les salles sont maintenant vides. Comme tout édifice bouddhique, il est probable que chaque salle contenait une statue de Bouddha *(Dhyani Bouddha)*.

Chandi Plaosan fut decouvert au milieu du XIXᵉ siècle. Le temple est presqu'en ruine, et certains fragments ont même disparus. Dans le stoupa du temple des inscriptions indiquent qu'ils ont été construits par *Rakai Pikatan* en cadeau a sa femme qui était bouddhiste. A en juger par sa ressemblance avec celui de Chandi Sari, il semble certain que ce temple était utilisé comme Vihara; il y a deux étages de pièces habitables. On y trouvait beaucoup de statues de Bouddha *(Dhyani Bouddha et Bodhi-*

Candi Sojiwan.

Chandi Sojivan.

ソジワン *(Sojiwan)* 寺院。

and *Bodhisatwa*. At present, some of the statues are kept in the Museum of Yogyakarta.

At the south of *Candi Siwa,* stands *Candi Sojiwan*. Like the others, *Candi Sojiwan* is also used as a Buddhist temple. It is believed that the word *Sojiwan* perhaps derived from *Sanjiwana,* that is the name of *Rakriyan Sanjiwana,* or an alias of *Sri Pramodawardani* who was married to Rakai Pikatan, a Hinduist from Sanjaya dynasty.

Besides the number of temples above, there is also another important antiquity from the past, known as *Keraton Boko*. The name of *Boko* is used after the chains of mountains where the kingdom of *Boko* existed. *Keraton Boko* is located at the southern part of *Candi Siwa,* in a plateau. It is possibly that the centre of this government is also the centre of the kingdom of the dynasty which reigned and built the temples there. The surviving remains shows us that the building is

sattva), mais, aujourd'hui la plupart se trouvent au musée de Yogyakarta.

L'ensemble des temples Sajivan se situe au sud des temples Çiva. Il était lui aussi utilisé comme Vihara bouddhique. On pense que le nom *Sajivan* provient de *Rakriyan Sanjivana*, l'autre nom de *Çri Pramodavardhani*, qui était marié avec Rakai Pikatan de la dynastie hindouiste Sanjaya.

Au milieu de ces nombreux temples, le *Keraton Boko* (l'unique palais de l'ensemble) est aussi un édifice ancien fort important. Le terme *boko*, vient du nom des collines qui entourent l'endroit où le palais fut construit. Keraton Boko se trouve sur une hauteur, au sud des temples Çiva. Il était peut-être le siège du royaume de la famille qui construit les temples alentour. Les décombres qui subsistent encore nous montrent les restes de la forteresse, la partie

not a complex of temples. From its ruins, we can see a fortress, an audience hall, a garden, a pool, and a number of houses.

Not far from the ruins of *Keraton Boko,* the ruins of other temples are discovered. Unfortunately, they are already deteriorated, and some of their stones are lost. The ex-temples are said to have the names: *Candi Dowang, Candi Ngaglik, Candi Watu Gudig, Candi Geblok, Candi Bubrah, Candi Singa* and *Candi Grimbiangan.* But not much is known about those temples. The only temple which is still in good condition is *Candi Banyunibo.*

avance d'une résidence, une ère de baignade, et un groupe de maisons.

Pres des restes de Keraton Boko, on trouve encore beaucoup de temples, malheureusement, très endommagés et nombre d'entre eux perdent leurs pierres. Ce sont: *Chandi Dovang, Chandi Ngaglik, Chandi Vatu Gading, Chandi Geblok, Chandi Bubrah, Chandi Singa,* et *Chandi Grimbiangan.* L'histoire de ces temples est mal connue.

Le seul temple intact est *Chandi Banyunibo.*

A cave which was used by kings for meditation.

La grotte de méditation.

王様の熟考している所。

The relief carved in the outer wall of Candi Wisnu.

Bas-relief ornant le mur extérieur de Chandi Vishnu.

ウイスヌ *(Wisnu)* 寺院の外壁のレーリフ。

Candi Lumbung is surrounded by 16 Candi Perwara. One of them is in restoration.

Chandi Lumbung entouré par les seize Chandi Pervara. L'un d'eux est en train d'être restauré.

１６ブルワラ寺院がルンブン *(Lumbung)* 寺院をめぐっています。

Candi Bubrah located between Candi Sewu and Candi Lumbung.

Chandi Bubrah se trouve entre Chandi Sevu et Chandi Lumbung.

ブブラハ *(Bubrah)* 寺院がセウ *(Sewu)* 寺院とルンブン *(Lumbung)* 寺院との間にあります。

The Candi Sewu's complex. The main temple is being restored, but most of Candi Perwara and 8 Candi Apit which surround it are deteriorated.

Etat du complexe Chandi Sevu. Le temple principal est en cours de restauration, tandis que la plupart des 240 Chandi Pervara et les huit Chandi Apit qui l'entourent sont en ruines.

セウ寺院団地。　主寺院が修復されていますが、8プルワラ寺院がこわれてしまいました。

One of the 240 Candi Perwara which surrounds Candi Sewu

L'un des Chandi Pervara entourant Chandi Sevu.

セウ (Sewu) 寺院団の中では、一つのプルワラ寺院。

The niches found at one of Candi Sewu's perwara.

La niche située dans l'un des Chandi Pervara de Chandi Çiva.

プルワラ寺院にある内室の状況。

40

The main temple of Plaosan Lor in the south, viewed from the south west.

Le temple principal du complexe du Chandi Plaosan Lor au sud, se voit du côté sud-ouest.

南西方から見られてプラオサン ロル *(Plaosan Lor)* 主寺院の南側。

The main temple of Plaosan Lor in the north is to be restored.

Le temple principal du complexe de Chandi Plaosan Lor au nord sera bientôt restauré.

修復されておいてプラオサン　ロル *(Plaosan Lor)* 主寺院の北側。

The statue of Dwarapala as guard of the entrance at Candi Plaosan's complex.

Statue de Dvarapala gardien de l'entrée du complexe Chandi Plaosan.

プラオサン寺院団の入口番人としてのヅワラバラ *(Dwarapala)* 像。

Candi Kalasan, the sanctuary of Dewi Tara, was built in A.D. 778 (according to Kalasan's inscription).

Chandi Kalasan, l'édifice sacré de Devi Târâ. Construit en 778. (d'après la pierre gravée de Kalasan).

タラ女神の聖建物としてのカラサン *(Kalasan)* 寺院が７７８年に建てられました。

In the past, Candi Sari was a Buddhist sanctuary. Beside the entrance we can also see some windows.

Chandi Sari un ancien Vihara. Outre la porte d'entrée, on voit aussi quelques fenêtres.

昔、仏教寺としてのサリ *(Sari)* 寺院。 ここには、入口以外に窓もあります。

The entrance to the southern part of Candi Kalasan is decorated with the beautiful Kala Makara.

La porte d'entrée de la salle du sud de Chandi Kalasan, ornée d'un beau Kala Makara.

カラサン寺院の南室への入口。

The gate of Keraton Boko is seen from the front side.

La portail de Keraton Boko vu de face.

ボコ宮殿の前門。

The magnificent gate of Keraton Boko.

Le grande portail s'étendant merveilleusement vers le Keraton Boko.

ボコ *(Boko)* 宮殿への素晴らしい門。

まえがき

今のジョグジャカルタ（Yogyakarta）とスラカルタ（Surakarta）との間に、1km以上離れた所々に古い寺院があります。これらの寺院はヒンズーと仏教の聖なる建物であります。この建物は、八世紀から九世紀にかけて建てられました。

この寺院はプランバナン（Prambanan）と呼ばれています。プランバナンとは、クラトン・ボコ（Kraton Boko）という昔栄えた王国の都があった土地であり、自然が美しく、また豊かでした。当時の王国の存在や支配者が誰なのか、残念なことにご殿の痕跡からはじゅうぶんな情報が得られません。

しかし、西暦778年の古文字で書かれたカラサン（Kalasan）碑文や西暦907年のバリトゥン王（Raja Balitung）碑文では、当時の支配者であったヒンズー教系のサンジャヤ（Sanjaya）王朝の系図が記されていました。

ちょうど同じ頃、仏教系のシャイレンドラ（Syailendra）王朝も栄えていました。このシャイレンドラ王朝は、スマトラ島、パレンバン（Palembang）のスリウィジャヤ（Sriwijaya）王国と深い交流関係がありました。この頃に、仏教は発達の頂点を達し、今日に見られる多数の巨大な寺院が建てられました。

プランバナンとして今知られている寺院は、正確には、シワ（Siwa）寺院群と名付けられています。このシワ寺院群は、所々崩れていますが、修復工事は今もなお続けられています。そのあらゆる努力によって、このファンタスティックな建物は、実物の通りに見ることができます。

シワ寺院群

シワ寺院群には大小、あわせて237もの寺院から成りたっています。これらの寺院は大部分がすでに崩れ、ただ石が散らばっているような状態になっています。寺院群は三つの大きなグループに区別することができます。まず、第一の組であるチャンディ・プルワラ（Candi Perwara）は敷地の一番外側の列にあり、寸法も比較的小さく、全部同じ形をしています。つぎに、中心として、二つの大きめの寺院にはさまれた、他の寺院と比べると形も

異なり、最も大きな寺院があります。そして最後の組に、最小の寸法で、形も位置もさまざまな寺院群であります。この寺院群は、中にすえてある石像から見ると、二つで一対になっているようです。

ロロジョングラン寺（Candi Lorojonggrang）とも言われるシワ寺は、プランバナン寺院群の中心となっています。巨大な、そしてとても重要なシワ像が中にあるため、シワの名にちなんでこの寺は名付けられました。トゥリムルティ（Trimurti）信仰で崇拝する三人の神であるシワ神、ウィスヌ（Wisnu）神、ブラーマ（Brahma）神の中で、シワ神がもっともあがめられている事がわかります。

もっとも重要なシワ神の石像は、この中心の建物の一番大きな部屋に置かれてあります。小部屋にはシワ・マハグル（Siwa Mahaguru）としてのシワ神の石像、幸福を象徴するゾウの頭をしたガネシャ（Ganesha）神の石像、シワ神の妻であり世界を支配する女神ドゥルガ・マヒサスラマルダニ（Durga Mahisasuramardani）の石像がおいてあります。

当時信仰されたヒンズー教で、シワ神がもっともあがめられたため、シワ寺院とシワ神の石像は教徒にとって、とても大きな意味を持っていたと考えられます。このシワ神の石像は他の石像に比べると一番大きく、黙想しているかのように立っていて、その高さが３メートルあります。像の台はスイレンの花の形をし、像を清めるための水がためられます。像を清めるために使った水は、台の側面の竜の像の口から水槽に流れ出るようになっています。不思議な力を持つと言われているため、多くの信者はこの水

を持って帰ります。シワ・マハデワとして、このシワ神の石像にはいろいろな象徴があります。頭骸骨と鎌の付いた冠、額の第三の目、そして四本の腕とそれぞれの手に持っている物は蝿をはらう道具、三つまたの鉾、念珠です。マハデワとしての他に、シワ神の石像はシワ神の生まれ変わりであるバリトゥン王をも描いています。

つぎに興味をそそる石像はドゥルガ・マヒサスラマルダニ像です。この像は、プランバナン地方の伝説にちなんで、ロロジョングラン像とも呼ばれます。ドゥルガ像は一頭の牛の像の背に立っています。この牛は、鬼の魂に体を宿られ、ドゥルガに負かされた後家来になりました。死の女神ともあがめれられるため、ドゥルガ像は信者にとてもうやまれています。その他、この像はバリトゥン王の妃を象徴しています。

シワ寺院の東側から入り、時計まわりに回廊を進むと、建物の石壁に物語の浮き彫りがはじまります。この浮き彫りは４１の場面からなりたっており、ラマ・ヤナ（Ramayana）の伝説を描いています。ラマ・ヤナ伝説のあらすじは次の通りです。

世界の数々の王の願いによって、ウィスヌ神は下界におりたちました。全世界とその中の生命を守る使命を果たすため、ウィスヌ神は、アヨディア（Ayodya）王国のダサラタ（Dasarata）王の息子ラマ（Rama）王子に生まれ変わりました。ウィスワミトラ（Wiswamitra）という一人のお坊さんは、神の化身であるラマ王子に、お坊さん達を邪魔する鬼を退治するよう頼みました。ラマ王子がたおした、たくさんの鬼の中には、タタカ（Tataka）という女の鬼がありました。鬼退治の後、ラマ王子は、ウィスワミトラ坊さんに言われた通りに、彼の親友であるジャナカ

（Janaka）王の美しいひとり娘シンタ（Sinta）姫を競う大会に出場しました。この大会とは、ジャナカ王の秘宝の重く、大きな弓をひくことができた男はシンタ姫を花嫁にもらえるとのことです。ラマ王子は優勝し、シンタ姫を勝ちとり、アヨディア王国へ戻りました。国へ向かう途中、ラマ王子はパラチュラマ（Paracurama）という鬼を殺しました。

ご殿に着いてすぐ、ラマ王子の王位継承式が行われようとしましたが、ダサラタ王の后妃（第二夫人）であるケカイ（Kekayi）は賛成せず、彼女の息子バラタ（Bharata）を約束どおり王位につけるように言いました。彼女はラマ王子を森に追放するよう、王に頼みました。ラマ王子はケカイ妃の言う通りにし、バラタ王子が新国王として君臨しました。まもなく、悲しみにうちしおれたダサラタ前国王は亡くなってしまいました。ラマ王子は森で弟のラクサマナ（Laksamana）王子とシンタ姫と暮らしました。

ある日、彼らはラマ王子に恋をしてしまった女の鬼のチュパナカ（Cupanaka）に出会いました。ラマ王子が彼女の愛を拒否したため、彼女は怒って鬼の国の王である兄のラーワナ（Rahwana）に言いつけました。怒ったラーワナ王は、ラマ王子を倒そうと彼のもとへ行きますが、王は一目でシンタ姫を愛してしまいました。姫は彼にさらわれ、アレンカ（Alengka）王国のご殿へ連れていかれました。

シンタ姫を見つける旅の途中、ラマ王子とラクサマナ王子は、言い争っているスグリワ（Sugriwa）とスバリ（Subali）、二匹の猿に出会いました。彼らは兄弟であり、

王位とタラ（Tara）という名の王女を奪い合っていました。ラマ王子はスグリワに加勢し、弟を負かしました。加勢のお礼に、スグリワはシンタ姫を助け出す手伝いをしました。スグリワは甥のハノマン（Hanoman）という白い猿に姫を見つけるように言いつけました。ラーワナ王のご殿の庭園で、ハノマンはシンタ姫を見つけました。ハノマンはシンタ姫と話し合い、彼女の指輪をラマ王子にわたすよう言いつかりました。ラマ王子、ラクサマナ王子、そしてスグリワ王のもとへ戻ったハノマンは、彼らにシンタ姫の無事を話し、指輪をわたしました。そして四人はスグリワ王の猿の軍隊によるアレンカ国への攻撃を計画しました。

ラマ王子ひきいる猿の軍隊とアレンカ国の戦はブラーマ（Brahma）寺院の石壁の浮き彫りに語られています。このブラーマ寺院は、シワ寺院の南側に建っています。シワ寺院よりも小さく、出入口一つとブラーマ神の像のある部屋も一つしかありません。残念なことに、四つの頭をもった、美しいブラーマ神の像は長い年月で壊れてしまいました。

ラマ・ヤナ物語の続きの場面が、部屋の石壁に彫られています。そこにはラマ王子とラクサマナ王子ひきいる猿の軍隊とシンタ姫を誘拐したラーワナ王と彼の家来との戦争が描かれています。クンバカルナ（Kumbakarna）という、ラーワナ王の弟は、兄に加勢しましたが、何百匹もの猿に攻撃されて死にました。ついには、ラーワナ王はラマ王子の弓矢で敗れ、彼はシンタ姫を助けだすことに成功しました。この物語の教訓は、正義は悪を必ずほろぼすという事です。

もう一つの中心の建物はウィスヌ寺院であり、シワ寺院の北側にあります。この建物の唯一の

部屋には、ウィスヌ神の石像があります。ウィスヌ神の四本の腕には、それぞれの手に、こん棒、貝、そしてウィスヌ神だけの道具である円盤を持っています。

ウィスヌ寺院の石壁には、12場面の浮き彫りからなる、クレスナヤナ（Kresna-yana）物語が描かれています。クレスナ（Kresna）は、ラマ王子の後の、ウィスヌ神の化身です。ある時、プタナ（Putana）という女の鬼に、クレスナと彼の兄バララマ（Balarama）は命を狙われてしまいました。しかしクレスナは、彼女を殺すことに成功しました。他の浮き彫りに、バララマとプラレンバ（Pralemba）鬼の戦いの場面があります。プラレンバはバララマに殺されたたびに生き返るのです。プラレンバを永遠に死なすには、頭を割らなくてはならないと、クレスナは兄に知らせ、ついにバララマは鬼をたおしました。世界の守護神の化身として、ある時、クレスナはアリスタ（Arista）という鬼から牛や他の家畜を守りました。また他に彼は、竜の口を洞窟だと思い、まちがえて入ってしまったヒツジ飼いを助けました。クレスナも竜の口の中へ入り、身を拡大する事によって、竜の口が破けてしまい、彼らは脱出できました。最後の浮き彫りには、二人のお坊さんが神への礼拝を挙げている場面が描いてあります。

シワ寺院、ブラーマ寺院、ウィスヌ寺院の三つの大きな建物の対として、それぞれの寺の前に寺院が建っています。シワ寺院の対はナンディ（Nandi）寺院であり、この建物の部屋には、シワ神の乗り物であるナンディという名の牛の石像が置かれています。この牛の像の他に、十頭の馬にひかれた馬車に乗った月の神であるチャンドラ（Chandra）神の像、そして

七頭の馬にひかれた馬車に乗った太陽神のスルヤ（Surya）神の石像もあります。

ブラーマ寺院の向かいに建てられた寺院は、アンサ（Angsa、ガチョウの意味）寺院です。今では、この寺院の部屋には何の像も置いてありませんが、ブラーマ神が飼っていたガチョウの石像が、昔はあったと考えられます。それがアンサ寺院と名付けられたわけです。

ガルダ（Garuda、ワシの意味）寺院は、ウィスヌ寺院の向かい側に建てられました。しかし、この寺院の部屋には、ワシの像はなく、発見された時、この寺院の下にうずもれたシワ神の像しかありません。ガルダはシワ神の乗り物であり、半ば人間の形をしており、口ばし、二本の腕、両足にけづめ、そして尾も持っています。このガルダ像は、この部屋の中にあったはずです。

この六つの大きな寺院の列の北側と南側に、二つの寺院が建っています。チャンディ・アピット（Candi Apit）とこの二つの寺が呼ばれられたのは、これらが主な寺院を挟むように（Apitは挟むの意味）建っているからです。アピット寺にも部屋がありますが、中には何も置かれてありません。今日にいたるまで、この寺の本当の存在の意味が解明されていません。

八つの寺院を囲むように建っているのはプルワラ寺院群です。この建物の数は多く、残念な事に大部分がまだ修復されていません。修復された寺はとても美しく、素晴らしいものです。もし全部の修復工事が終わりましたら、プランバナン寺院群はどんなに美しい事でしょう。

シワ寺院群の外に、仏教系の寺院も建っています。

その中で、もっとも大きな意味を持つものは

カラサン（Kalasan）寺院、サリ
（Sari）寺院、セウ（Sewu）寺院、ル
ンブン（Lumbung）寺院、プラオサン
（Plaosan）寺院、そしてソジワン
（Sojiwan）寺院です。不思議な事に、
これらの仏教の寺は、シワ寺院群から半径1k
m位の距離で散らばっています。

カラサン寺院はカラサン碑文が書かれた時と
同じ、西暦778年に建てられました。仏教系
のこの寺は、昔タラ（Tara）女神を崇拝す
るための礼拝堂でしたが、今はもう、タラ女神
の像はありません。しかし東側の入口の両脇に
はこん棒を持ち、ヘビに体が巻かれた巨人の像
が二つ、今でもあります。

サリ寺院はカラサン寺院の近くに建っており、
同じ頃に建てられたと考えられます。入口に、
カラサン寺院と同じような門番の巨人の石像が
立っています。サリ寺院は昔、僧侶やお坊さん
が住んでいた所だと、痕跡を見ると、思われま
す。

シワ寺院群の北方に、セウ寺院群があります。
シワ寺院群と同じように、この寺院群の中心に、
主な寺院があり、まわりを250ものプルワラ
寺が囲んでいます。中心の寺はいくつかの部屋
に分かれています。他の寺院のように、この寺
院にも、入門にあるふたつの門番の巨人の像が
あるほかは、何の像もありません。

ルンブン寺院群はセウ寺院群のほど遠くない
所に建っています。中心の寺も、16のプルワ
ラ寺も大部分が壊れています。いくつかの部屋
に、主な寺院は分かれていますが、今はどの部
屋も空になってしまいました。しかし昔は、ディ
ヤニ・ブッダ（Dyani Buddha）像
が各部屋に置かれたと考えられます。

プラオサン寺院は、十九世紀に半分以上こわ
れた状態で発見されました。ラカイ・ピカタン

（Rakai Pikatan）王は仏教の妻
への贈り物として、このプラオサン寺院を建て
たのだと、寺の頂上に記されています。サリ寺
院と建物の構成が似ているので、この寺もまた、
僧侶やお坊さんが使っていたのかも知れません。
昔は、部屋べやにディヤニ・ブッダやボディッ
サトゥワ（Bodhisatwa）などの像が
置かれていましたが、今それらの像はジョグジャ
カルタ美術博物館に保管されています。

シワ寺院の南方に、ソジワン寺院群が建って
います。この寺院群も仏教の礼拝堂として使わ
れていました。ヒンズー教系のサンジャヤ王朝
のラカイ・ピカタン王の妻であるラクリヤン・
サンジワナ（Rakriyan Sanji-
wana）のまたの名、スリ・プラモワルダニ
（Sri Pramowardani）、また
はサンジワナ（Sanjiwana）にちなん
で、ソジワンと名付けられたと言い伝えられて
います。

たくさんの寺院のほかに、ボコ宮殿
（Kraton Boko）も古代文明が残し
てくれた、大切な建物であります。「ボコ」と
は、昔、王国の都が発達した所であった山の名
から取ったものです。ボコ宮殿はシワ寺院群の
南方の高い所に建てられました。この都は、当
時大変発達し、周囲にたくさんの寺院を建設し
た王国の首都であったかも知れません。要塞、
庭園、講堂、水浴び場や池、多数の家屋などの
痕跡からみると、この建物は寺院ではなく、ご
殿であったことが明らかです。

ボコ宮殿の周辺に寺院の痕跡がたくさんあり
ます。これらの寺院は、残念なことに、崩壊寸
前の状態にあるドワン（Dowang）寺院、
ガグリック（Ngaglik）寺院、ワトゥ・
グディッグ（Watu Gudig）寺院、ゲ
ブロック（Geblok）寺院、ブブラー

（Bubrah）寺院、シンガ（Singa）寺院、そしてグリンビアンガン（Grimbiangan）寺院であります。これらの寺院については、あまり知られていません。唯一まだ完全な建物は、バンニュニボ（Banyunibo）寺院です。